BEI GRIN MACHT SICH IHR WISSEN BEZAHLT

- Wir veröffentlichen Ihre Hausarbeit, Bachelor- und Masterarbeit

- Ihr eigenes eBook und Buch - weltweit in allen wichtigen Shops

- Verdienen Sie an jedem Verkauf

Jetzt bei www.GRIN.com hochladen und kostenlos publizieren

Bibliografische Information der Deutschen Nationalbibliothek:

Die Deutsche Bibliothek verzeichnet diese Publikation in der Deutschen Nationalbibliografie; detaillierte bibliografische Daten sind im Internet über http://dnb.d-nb.de/ abrufbar.

Dieses Werk sowie alle darin enthaltenen einzelnen Beiträge und Abbildungen sind urheberrechtlich geschützt. Jede Verwertung, die nicht ausdrücklich vom Urheberrechtsschutz zugelassen ist, bedarf der vorherigen Zustimmung des Verlages. Das gilt insbesondere für Vervielfältigungen, Bearbeitungen, Übersetzungen, Mikroverfilmungen, Auswertungen durch Datenbanken und für die Einspeicherung und Verarbeitung in elektronische Systeme. Alle Rechte, auch die des auszugsweisen Nachdrucks, der fotomechanischen Wiedergabe (einschließlich Mikrokopie) sowie der Auswertung durch Datenbanken oder ähnliche Einrichtungen, vorbehalten.

Impressum:

Copyright © 2015 GRIN Verlag
Druck und Bindung: Books on Demand GmbH, Norderstedt Germany
ISBN: 9783668641570

Dieses Buch bei GRIN:

https://tubuk.openpublishing.com/document/413265

David Kramer

Film Noir. Eine Einführung

Ein Überblick zu geschichtlichen Hintergründen, technischen Besonderheiten und dem Einfluss auf nachfolgende Epochen

GRIN Verlag

GRIN - Your knowledge has value

Der GRIN Verlag publiziert seit 1998 wissenschaftliche Arbeiten von Studenten, Hochschullehrern und anderen Akademikern als eBook und gedrucktes Buch. Die Verlagswebsite www.grin.com ist die ideale Plattform zur Veröffentlichung von Hausarbeiten, Abschlussarbeiten, wissenschaftlichen Aufsätzen, Dissertationen und Fachbüchern.

Besuchen Sie uns im Internet:

http://www.grin.com/

http://www.facebook.com/grincom

http://www.twitter.com/grin_com

Film Noir:

Eine kurze Einführung

Inhalt

1. Beschreibung 3
2. Allgemeiner technischer Fortschritt 4
3. Gesellschaftspolitische Strömung 5
4. Kulturgeschichte und Kulturwissenschaft 6
5. Technische Besonderheiten 7
    - 5.1.1. Licht 7
    - 5.1.2. Kamera 7
    - 5.1.3. Schnitt 7
    - 5.1.4. Erzählung 7
    - 5.1.5. Reale Elemente 8
6. Einfluss auf nachfolgende Filme/Epochen 9
7. Quellenverzeichnis 10
    - 7.1. Literatur 10
    - 7.2. Blogs 10
    - 7.3. Websites 10

1. Beschreibung

Der Anfang der Epoche des Film Noirs begann anerkanntermassen im Jahr 1941 mit John Hustons *The Maltese Falcon* und endete 1958 mit Orson Welles' *Touch of Evil*. Dabei zeichnet sie sich ästhetisch durch ihre ausgeprägten Hell/Dunkel Kontraste und inhaltlich durch ihre düsteren und tristen Plots aus. Der Film Noir weist stets vier zentrale Charakteristika auf: Die Stadt, die Nacht, die Off-Erzählungen/Rückblenden sowie Licht und Schatten (Grob, 2008, pp. 27–36). Diese vier Elemente zeichnen den Noir stilistisch aus, denn es ist meistens Nacht, es regnet häufig und die Handlung spielt in einer labyrinthartigen Grossstadt. Der meist männliche Protagonist fungiert hierbei oft als Spiegel seiner Umwelt und verfällt meistens einer Femme fatale. Dabei endet die Geschichte, trotz anfänglichem Optimismus, oftmals in der Katastrophe. Der Noir beschreibt im Allgemeinen eine entfremdete Welt mit ebenso entfremdeten Charakteren und erreicht dies, nebst der vorgängig erwähnten low-key Beleuchtung, durch eigenwillige Bildkompositionen, dunklen Schatten, Zigarettenrauch und ungewöhnliche Kamerablickwinkel.

2. Allgemeiner technischer Fortschritt

Gerade während des Zweiten Weltkriegs wurden etliche technische Fortschritte in der Filmindustrie erzielt. Nebst verbessertem Beleuchtungsequipment und der Einführung von beschichteten Kameraobjektiven, die Lichtreflexionen drastisch reduzierten, war wohl vor allem die Verbesserung des Filmmaterials selber die bedeutendste Errungenschaft. Dieses wurde Anfang der 1940er lichtempfindlicher gemacht, was den Einsatz von weniger, zu dieser Zeit äusserst sperrigen Lampen zur Folge hatte. Des Weiteren wurde die Körnung des Filmmaterials reduziert, was in einem klareren Bild resultierte. Darüber hinaus wurde die Bauweise der damals gängigen Tonaufnahmegeräte verbessert indem sie tragbarer gestaltet und daher einfacher zu handhaben wurden. Dasselbe galt für die Kameras, die vor allem leichter gebaut wurden.

All diese technischen Errungenschaften ermöglichten einfachere Dreharbeiten, weshalb viele Produktionen von da an auch auf das so genannte Location Shooting setzten – den Dreh an Originalschauplätzen anstelle von Sound Stages.

3. Gesellschaftspolitische Strömung

Film Noir entstand in einer Zeit zweier grosser Ereignisse, die wegweisend für das Genre werden sollten: Die grosse Depression zum einen und der Zweite Weltkrieg zum anderen. Film Noir gab die omnipräsente Hoffnungslosigkeit und Verzweiflung wieder, die von der grossen Depression, welche von 1929 bis 1941 vorherrschte, herrührte. Dadurch fungierte die Noir Epoche und somit die damalige Filmlandschaft als Spiegel der Gesellschaft.

Als Amerika dann 1941 in den Zweiten Weltkrieg eintrat, entstand im selben Jahr John Hustons *The Maltese Falcon*, welcher den Grundstein für den Noir legte. Richtig zu blühen begann der Film Noir allerdings erst gegen Ende des Krieges und vor allem danach, da in dieser Zeit die Nachfrage nach optimistischen Werken nachliess und das Interesse an einer ehrlicheren, härteren Sicht aufkam (Grob, 2008, p. 21). Dabei rückten Filme mit einem Happy End in den Hintergrund und der düstere Film Noir nahm an Popularität zu. Anstelle des perfekten Helden trat der raue Underdog mit oftmals moralisch fragwürdigem Charakter, der vielfach mit tiefgreifenden Problemen zu kämpfen hatte. Ebenfalls kam der Rolle der Frau grössere Bedeutung zu, denn diese transformierte sich von der stillen, unterstützenden Kraft, die meistens im Hintergrund agierte, zur Femme fatale, die den Protagonisten verführte und nicht selten ins Verderben stürzte.

4. Kulturgeschichte und Kulturwissenschaft

Film Noir wurde sozusagen aus Europa, primär aus Deutschland, in die Vereinigten Staaten gebracht, weswegen er stark vom Deutschen Expressionismus geprägt ist. Wegen des sich immer mehr ausbreitenden Nationalsozialismus Anfang der dreissiger Jahre, emigrierten zahlreiche Filmschaffenden in die USA um dort ein neues Leben aufzubauen. Hollywood, zu dieser Zeit in der Blütephase, bot daher vor allem aus beruflicher Sicht eine ideale Möglichkeit und verhalf Leuten wie Fritz Lang, Robert Siodmak und Michael Curtiz zum Erfolg.

Ein weiterer grosser Einfluss auf den Film Noir war die zeitgenössische Literatur, da viele Noirs auf Buchvorlagen basieren und daher Literaturverfilmungen sind. Die Mehrzahl dieser literarischen Werke waren so genannte *hard boiled American crime fiction writings*, eine US-amerikanische Reaktion auf die herkömmlichen Detektivgeschichten aus Grossbritannien. In ihnen wurde der stereotypische Film Noir Charakter definiert, der beispielsweise meistens rauchte und trank und vielfach ein Verbrechen zu lösen hatte. Populäre Vertreter solcher Werke waren unter anderem Dashiell Hammett (*The Maltese Falcon*), Raymond Chandler (*The Big Sleep*) und James M. Cain (*The Postman Always Rings Twice*).

Schliesslich wurde Film Noir auch von anderen Filmen beeinflusst. Dazu gehören primär Gangsterfilme aus den 1930er wie William A. Wellmans *The Public Enemy* (1931), Howard Hawks' *Scarface* (1932) und William Keighleys *'G' Men* (1935). Den grössten Einfluss dürfte jedoch Orson Welles' *Citizen Kane* (1941) gehabt haben, da dieser vor allem mit seinem höchst expressionistischen Stil den Grundstein für den Noir legte.

5. Technische Besonderheiten

5.1.1. Licht
Der Film Noir ist allem voran für seine Chiaroscuro-Beleuchtung bekannt – ein Stil, der sich durch ausgeprägte hell/dunkel Kontraste auszeichnet. Dabei werden oftmals bestimmte Dinge innerhalb eines Bildausschnittes bewusst versteckt, andere wiederum klar hervorgehoben. Diese Eigenheit ist auch an den Charakteren zu beobachten, die je nach Inhalt einer Szene einen langen Schatten werfen, oder von denen stellenweise nur ein Teil des Gesichts erkennbar ist. Ausserdem wurde die so genannte Venetian Blind-Beleuchtung entwickelt – eine Beleuchtungstechnik, bei der Licht durch Jalousien gelenkt wird um dadurch ein gitterartiges Schattenmuster zu erzeugen – was zu einem prägnanten Merkmal für amerikanische Film Noirs wurde.

5.1.2. Kamera
Die Kamera fiel zumeist statisch aus, wobei gelegentlich Schwenks und seltener auch Kamerafahrten eingebaut wurden. Oftmals wurden im Noir untersichtige und/oder weitwinklige Kameraperspektiven sowie Dutch Angles verwendet, wodurch ein gewisser Grad an Desorientierung, Befremdlichkeit und manchmal auch Bedrohung erreicht werden sollte. Des Weiteren wurden nicht selten so genannte POVs eingesetzt, die eine subjektive Ansicht (zumeist die des Protagonisten) gewährten und den Zuschauer ins Geschehen miteinbezogen. Ein wesentliches Merkmal ist ausserdem die Verwendung einer grossen Tiefenschärfe, welche die Tiefe eines Bildes bis ans Äusserste ausnutzte.

5.1.3. Schnitt
Schnitttechnisch finden sich im Noir vor allem lange Einstellungen. Diese kommen oftmals auch bei Dialogen zum Einsatz, wobei vielfach auf das heute übliche Schuss-Gegenschussverfahren verzichtet wurde und stattdessen ein Zweiershot, oft in Form einer Halbtotalen oder einer amerikanischen Einstellung, zur Anwendung kam. Für die Bildübergänge bei einem Szenenwechsel wurden des Weiteren sehr oft Überblendungen verwendet.

5.1.4. Erzählung
Eine weitere Besonderheit stellen die häufig verwendeten Rückblenden dar, welche oft die Vergangenheit des Hauptprotagonisten wiedergeben und dessen innere Zerrüttung verdeutlichen. Hinzu kommen die charakteristischen, zumeist aus der Sicht des Protagonisten stammenden Off-Erzählungen, welche persönliche Gedankengänge aufzeigen und einen Einblick ins Innenleben der betreffenden Person gewähren.

5.1.5. Reale Elemente

Mit dem Film Noir kam auch der Trend auf, Szenen direkt an Originalschauplätzen zu drehen, anstatt diese in einem Studio aufzubauen. Dies hatte den Vorteil von tieferen Produktionskosten sowie einem höheren Realismusgrad.

Ferner wurden Szenen vermehrt bei tatsächlicher Nacht gedreht (night-for-night), eine entgegen dem damaligen Standard herrschende Technik, Nachtszenen am Tag zu drehen (day-for-night) und entweder schon während dem Dreh mittels Polfilter oder in der Postproduktion mit beispielsweise einer Unterbelichtung des Filmmaterials zu korrigieren.

6. Einfluss auf nachfolgende Filme/Epochen

Obwohl der Film Noir als Epoche Ende der fünfziger Jahre zu Ende ging, übt er bis heute seinen Einfluss auf die Filmwelt aus und kann, wenn auch nicht mehr in ganz so ausgeprägter Form wie während seiner Blütezeit, in erstaunlich vielen Filmproduktionen wiedergefunden werden. Noch immer wird er als Stilmittel rege genutzt und hat sich fest in der Filmlandschaft verankert. Die Rede ist hierbei vom so genannten Neo-Noir, der vor allem in Filmen wie Roman Polanskis *Chinatown* (1974), Martin Scorseses *Taxi Driver* (Taxi Driver), Curtis Hansons *L.A. Confidential* (1997) oder auch Quentin Tarantinos *Reservoir Dogs* (1992) und *Pulp Fiction* (1994) und Robert Rodriguez' *Sin City* (2005) vertreten ist. Solche Filme bilden eine Ansammlung von beträchtlichem Ausmass, denn die Zeitspanne umfasst alles zwischen 1959 und heute, wobei diese Werke stets bestimmte, unterschiedlich ausgeprägte Charakteristika des Film Noir aufweisen.

Nebst zahlreichen Filmwerken beeinflusste der Film Noir auch nachfolgende Epochen, allem voran die von 1960 bis 1985 andauernde, in Frankreich aufgekommene Nouvelle Vague, welche sich stark an den Noir anlehnte. In diesem Zusammenhang nutzten zahlreiche Regisseure, wie beispielsweise Jean-Luc Godard oder François Truffaut, Elemente des Noirs und setzten diese in einen für die Nouvelle Vague kennzeichnenden, nichtkommerziellen Kontext.

7. Quellenverzeichnis

7.1. Literatur

Bergan, R. and Ganeri, A., 2006. *Film*. New York: DK ADULT.

Bronfen, E. and Grob, N., 2013. *Stilepochen des Films. Classical Hollywood*. Stuttgart: Reclam Verlag.

Fay, J. and Nieland, J., 2009. *Film Noir: Hard-Boiled Modernity and the Cultures of Globalization*. London ; New York: Routledge.

Grob, N., 2008. *Filmgenres: Film noir*. Stuttgart: Reclam Verlag.

Naremore, J., 2008. *More than Night: Film Noir in Its Contexts*. 2nd ed. Berkeley: University of California Press.

Park, W., 2013. *What is Film Noir?*. Lewisburg: Bucknell University Press.

Schatz, T., 1999. *Boom and Bust: American Cinema in the 1940s*. Berkley: University of California Press.

7.2. Blogs

Anon., n.d. Characteristics of Film Noir. *Film Noir*, [blog] 4 April 2013. Available at: <http://sunsetboulevard1950.blogspot.ch/2013/04/characteristics-of-film-noir.html> [Accessed 3 July 2015].

7.3. Websites

Film Noir Studies, 2008. *No Place for a Woman: The Family in Film Noir*. [online] Available at: <http://www.filmnoirstudies.com/essays/no_place.asp> [Accessed 3 July 2015].

The Museum of Film History, n.d. *Influences of Film Noir*. [online] Available at: <https://eng3122.wordpress.com/group-6-main/influences-2/influences-of-film-noir/> [Accessed 3 July 2015].

BEI GRIN MACHT SICH IHR WISSEN BEZAHLT

- Wir veröffentlichen Ihre Hausarbeit, Bachelor- und Masterarbeit
- Ihr eigenes eBook und Buch - weltweit in allen wichtigen Shops
- Verdienen Sie an jedem Verkauf

Jetzt bei www.GRIN.com hochladen und kostenlos publizieren